AF347202

REQUÊTE

DE CONCLUSIONS CIVILES,

PRESENTÉE AU PARLEMENT,

TOUTES LES CHAMBRES ASSEMBLÉES,

LES PRINCES ET PAIRS Y SÉANTS,

PAR M. LE MARÉCHAL DUC DE RICHELIEU, Pair de France.

CONTRE Madame DE SAINT-VINCENT, le sieur VEDEL-MONTEL, BENAVENT, & autres leurs co-accusés.

A PARIS,

DE L'IMPRIMERIE DE LOUIS CELLOT, RUE DAUPHINE.

M. DCC. LXXVI.

(4)

A NOSSEIGNEURS
DE PARLEMENT,

TOUTES LES CHAMBRES ASSEMBLÉES,

LES PRINCES ET PAIRS Y SÉANT.

SUPPLIE humblement LOUIS-FRANÇOIS AR-
MAND DU PLESSIS, DUC DE RICHELIEU, Pair &
Maréchal de France, Chevalier des Ordres du Roi,
premier Gentilhomme de la Chambre de Sa Majefté,
fon Lieutenant-Général, Gouverneur de la Province
de Guyenne, noble Génois, &c.

DISANT que le complément de l'inftruction du
procès de Madame de Saint-Vincent & de fes co-
accufés, doit mettre dans le plus grand jour la légitimité de l'accufation du Suppliant. Les charges ré-

A

fultantes des informations ; les aveux des Accufés, leurs contradictions fur des faits effentiels, les pieces faifies fur eux, celles qu'ils ont eux-mêmes produites, celles que le Suppliant a mifes fous les yeux de la Cour, les injures employées pour défenfe par les Accufés, à défaut de moyen, tout fe réunit dans cette affaire monftrueufe pour établir que le faux dénoncé à la Juftice par le Suppliant, n'eft que trop réel ; que *Madame de Saint-Vincent* en eft l'auteur ; que le fieur *Vedel* y a co-opéré & en a profité, & même a fini par le fuggérer ; que *Benavent* a été affocié en grande partie à ce faux & aux manœuvres pratiquées pour le faire réuffir ; que l'*Abbé de Villeneuve-Flayofc* a aidé à tirer parti de ces faux billets, qu'il a concouru à leur négociation clandeftine, précipitée & frauduleufe, & dans un tems où il les favoit argués de faux ; que *Canron* a été l'auteur immédiat d'un faux néceffairement lié à celui dont il s'agit au procès; que la femme *Leroi*, dépofitaire des projets du faux concerté entre Madame de Saint-Vincent & le fieur *Vedel*, & chargée par le fieur Vedel de la négociation des faux billets, eft plus que fufpecte d'en avoir connu la fauffeté en cherchant à les négocier à vil prix & clandeftinement ; que *Dubois*, l'un des Courtiers le plus employé par la femme Leroi pour cet agiotage clandeftin a dû être fufpect d'être dans le fecret du faux auquel cette femme paroiffoit initiée ; que les négociations faites par *Rubit* à vil prix des billets fuppofés fignés du Suppliant, & le facrifice accepté par lui de la part de Madame de Saint-Vincent d'un billet de 600 liv. pour garder le fecret fur toutes les menées dont il avoit été témoin, enfin les pieces de conviction contre les complices du faux dont il fe trouvoit dépofitaire, ont dû le faire fufpecter à la Juftice, d'autant plus que les Accufés eux-mêmes lui imputoient une ufure dont on préfume qu'il y a preuve dans les informations, fait étranger, à la vérité, au Suppliant, mais qui a excité fans doute la févérité du Miniftere public. Enfin que les fieurs Abbés *de Trans* & *Froment* & le fieur *Boucher de Préville*, fimplement décrétés d'affignés pour être ouïs, étoient trop impliqués dans cette affaire, les premiers par des négociations tentées ou confommées des faux billets, & le dernier pour le bas prix qu'il a donné d'un billet de 60,000 liv. fuppofé figné du Suppliant, pour que la Juftice ne dût pas s'affurer par leurs interrogatoires des faits dont ils avoient pu être témoins.

Le Suppliant, plein de confiance dans l'exactitude fcrupuleufe avec laquelle la Cour vifitera le procès, ne mettra pas ici fous les yeux le détail immenfe des faits qui y font développés. Un tableau rapide des preuves qui détruifent les fables hafardées par Madame de Saint-Vincent & fes complices pour mafquer leur crime, un précis des moyens qui établiffent moralement & phyfiquement la fauffeté des billets & des lettres argués de faux, fuffiront pour établir la légitimité des conclufions que le Suppliant fe propofe de prendre par cette Requête,

A ij

& pour prouver que la Cour ne peut ſe réfuſer à les lui adjuger.

Il s'agit principalement au procès de ſavoir ſi le Suppliant a fait pour 425,000 liv. de billets au profit de Madame de Saint-Vincent, ou ſi les douze billets montant à cette ſomme, que cette Dame repréſente comme ſignés de lui & faits à ſon profit ſont faux : & s'ils ſont faux, qui eſt l'auteur de ce faux?

Une libéralité auſſi prodigieuſe faite au profit d'une parente très-éloignée, eſt d'une invraiſemblance qui va juſqu'à l'abſurdité. Madame de Saint-Vincent avoit ſenti la force de cet argument moral, elle en a été embarraſſée; auſſi a-t-elle fait tous ſes efforts pour s'étayer de quelque vraiſemblance; & elle a cru y parvenir en fabriquant une hiſtoire, dans laquelle elle a donné un principe apparent à cette libéralité.

Voici cette hiſtoire telle qu'elle l'a préſentée elle-même dans ſes interrogatoires.

« Elle étoit détenue dans un Couvent à Milhau de-
» puis dix-huit ans, en vertu d'un ordre du Roi ſol-
» licité par ſa famille. Un haſard l'a miſe dans le cas
» d'écrire au Suppliant; la correſpondance entamée
» s'eſt entretenue, s'eſt échauffée; le Suppliant en-
» chanté de ſes lettres, a pris du goût pour elle, a
» voulu la rapprocher de lui; il a, malgré *ſa famille,*
» *fait révoquer la Lettre-de-cachet qui la retenoit cap-*
» *tive à Milhau*; elle n'a conſenti elle-même à ſa dé-
» livrance, qu'en cédant à la ſéduction pratiquée

5

» envers elle par le Suppliant. *Sa famille a voulu l'em-*
» *pêcher d'aller à Poitiers*, qui étoit le lieu choisi par
» le Suppliant; & n'ayant consenti à sa translation,
» qu'autant qu'elle se retireroit à Tarbes, le Sup-
» pliant est encore venu à bout de l'enlever de Tarbes
» malgré sa famille & l'a attirée à Poitiers, *d'où il*
» *l'a encore tirée pour la faire venir à Paris. Après*
» *l'avoir ainsi séduite, brouillée avec sa famille, transf-*
» *plantée au gré de ses desirs, constituée dans des dé-*
» *penses énormes, il lui devoit bien plus qu'il ne lui a*
» *donné; enfin le projet du Suppliant étoit de la mettre*
» *en état de tenir une maison à Paris* ».

Tel est le précis du Roman que Madame de Saint-
Vincent a osé imaginer & présenter. Il n'est ni plus
vrai, ni plus vraisemblable que les billets, pour le
soutien desquels il est composé.

Le nom de Madame de Saint-Vincent, son âge,
le rang du Suppliant, ce qu'il se doit à lui-même,
toutes les circonstances se réuniroient pour caracté-
riser cette fable. Mais les preuves de sa fausseté éta-
blies au procès, dispensent d'en discuter la vraisem-
blance.

1°. Une lettre écrite par Madame de Saint-Vincent au sieur de Combette, de Milhau le 7 Mars (1),
prouve que c'est Madame de Saint-Vincent qui a
desiré sortir de Milhau, & qu'elle le desiroit vive-
ment; que c'est elle qui a imaginé d'intéresser M. le

____

(1) Quoique l'année n'y soit pas datée, le voyage du sieur Combette
à Paris, pendant lequel cette lettre lui fut écrite, est de 1769, ce qui
fixe la lettre à cette année.

Maréchal au fuccès de fa demande ; qu'elle a telle-ment preffé le fieur de Combette de déterminer le Suppliant à lui procurer fon changement de demeure, qu'elle lui mandoit que *fi elle pouvoit le lui devoir, il feroit la perfonne dans le monde qu'elle aimeroit le mieux* (1).

2°. La lettre de M. le Marquis de Vence, écrite au Suppliant le 13 Août 1774, prouve que la famille de Madame de Saint-Vincent a confenti à cette tranflation (2).

3°. Les lettres écrites par M. l'Evêque de Tarbes au Suppliant, les 5, 11, 20 & 26 Avril & 10 Mai 1771, produites par le Suppliant, établiffent que c'eft encore Madame de Saint-Vincent, qui après avoir defiré fa tranflation à Tarbes, a voulu en fortir & être transférée dans un autre Couvent ; qu'elle a follicité fa famille pour obtenir cette feconde tranflation ; que M. l'Evêque l'a demandée lui-même à fes parens ; que M. le Préfident de Saint-Vincent a fait offrir à fa femme le Couvent de Poitiers, & a de-mandé lui-même au Miniftre la nouvelle Lettre-de-cachet pour transférer Madame de Saint-Vincent dans cette Ville où il a augmenté fa penfion de 500 l. ce qui eft prouvé par une lettre de l'Homme d'affai-res de M. de Saint-Vincent, laquelle eft au procés.

---

(1) Cette lettre de Madame de Saint-Vincent doit fe trouver au procès.

(2) Elle eft imprimée à la fuite du premier Mémoire de M. le Maré-chal contre Madame de Saint-Vincent, & produite au procès.

7

4°. Toutes les lettres de Madame de Saint-Vincent au sieur Vedel, saisies chez la femme Leroi,
établissent que c'est elle qui a encore voulu venir à
Paris. Le sieur Vedel en convient, page 120 de son
Mémoire imprimé, intitulé : *Défense*. Il en donne
une raison controuvée ; mais ces mêmes lettres de
Madame de Saint-Vincent établissent qu'elle est venue
à Paris pour y joindre le sieur Vedel.

Après ces preuves sans réplique de la fausseté de
la premiere partie du Roman de Madame de Saint-
Vincent, il semble que le procès devroit être fini. La
voilà convaincue d'imposture dans une partie qu'elle
a jugé essentielle à sa justification : voilà le principe
des libéralités de M. le Maréchal anéanti : *cessante
causâ, cessat effectus.* La conséquence est nécessaire,
même dans le système de Madame de Saint-Vincent.
Il n'y a donc point eu de libéralité, exercée envers
elle par le Suppliant.

Il tenoit au plan de ce Roman, de faire du séjour
de Poitiers une époque intéressante. On avance que le
Suppliant y a rendu des visites, dont on fait grand
bruit, à Madame de Saint-Vincent, & qu'il lui a
fait par lettres des promesses magnifiques.

1°. Ces visites se réduisent à quatre, en deux ans,
occasionnées par les voyages du Suppliant à son
Gouvernement ; visites faites le matin, & dans
l'une desquelles le Suppliant fut accompagné par M.
l'Evêque de Poitiers.

2°. Les prétendues promesses du Suppliant ne se
trouvent consignées que dans des copies de ses pré-

tendues lettres, écrites par Madame de Saint - Vincent ou par le sieur de Vedel. Ces copies ne peuvent pas faire preuves contre le Suppliant.

3°. Ces prétendues promesses du Suppliant étoient liées à une correspondance avec le sieur Peixoto, & la supposoient nécessairement : or, il est prouvé & avoué par Madame de Saint-Vincent, qu'elle a été réduite à *contre-faire* les prétendues lettres du sieur Peixoto ; donc celles du Suppliant, relatives à ces promesses, s'il en a existé, étoient fausses & l'ouvrage de Madame de Saint-Vincent.

4°. Enfin le contexte des prétendues lettres du Suppliant, conservées par Madame de Sain-Vincent & le sieur Vedel, en établit la fausseté (1). Les promesses qu'on fait faire à M. le Maréchal, dans trois de ces lettres, & la médiation prétendue du sieur Peixoto pour réaliser ces promesses, tiennent à une prétendue paternité du Suppliant. Outre la fausseté de cette paternité, Madame de Saint-Vincent est convenue, dans son second interrogatoire, article XXX, *qu'elle n'avoit jamais écrit aucune lettre ni reçu aucune réponse du Suppliant relative à cet objet ;* donc les lettres du Suppliant, des copies desquelles Madame de Saint-Vincent & le sieur Vedel argumentent pour établir ces promesses, faites à Poitiers, ne sont qu'une imposture.

____

(1) Voyez les pieces trouvées sous les scellés de la femme le Roi.
Commissaire Chesnon, troisieme liasse, trentieme piece.
Commissaire Graville, liasse 3 , vingt-troisieme piece.
Deuxieme liasse du paquet cacheté, piece cinquieme.

9

. Il n'y a eu ni principe de libéralités ni promeſſes
de libéralités de la part du Suppliant. Pourquoi donc
en auroit-il exercé une ſi extravagante envers Madame
de Saint-Vincent ? On voit qu'il n'y a plus de raiſon
pour le croire. L'a-t-il fait cependant par une bizar-
rerie ſans exemple ? C'eſt ce qui reſte à diſcuter.

Il eſt démontré que Madame de Saint-Vincent n'eſt
venue à Paris que de ſon propre mouvement, déter-
minée par le ſeul deſir d'y joindre le ſieur Vedel,
& ſûrement dans l'intention d'y réaliſer leur projet
de faux, formé depuis long-tems, puiſqu'elle lui écri-
voit alors d'un ton ſi énergique, *Huit jours après mon
arrivée nous ne ſerons pas dans ces peines. J'aurai fait le
tour du monde pour attrapper cet argent. Milhau d'abord
où j'ai penſé l'avoir, Tarbes, Poitiers, Paris ; c'étoit-
là le terme de nos malheurs dans les ſecrets de nos
deſtinées.*

Si le Suppliant eût approuvé cette nouvelle tranſ-
lation, il l'eût négociée avec la famille de Madame
de Saint-Vincent, comme il avoit précédemment
négocié ſes autres émigrations, ainſi qu'il eſt établi
par les lettres de M. l'Evêque de Tarbes. La lettre
de cachet qui retenoit Madame de Saint - Vincent à
Poitiers auroit été auſſi préalablement levée.

Cette lettre de cachet au contraire ſubſiſte encore
aujourd'hui, & Madame de Saint - Vincent, après
s'être enfuie de Poitiers, eſt arrivée à Paris à l'inſçu
du Suppliant. Il étoit d'année de ſervice & à Verſailles. Une démarche auſſi inconſidérée ne pouvoit que

l'irriter & lui faire regretter l'intérêt, que par commisération il avoit pu prendre jusques-là au sort de Madame de Saint - Vincent. Telle fut en effet l'impreſſion qu'elle fit ſur lui. Madame de Saint-Vincent convient qu'elle *en fut abandonnée* ; que *pendant quinze jours elle & ſa femme-de-chambre furent réduites à vivre de pain & d'eau* ; néanmoins elle oſe avancer, que le Suppliant l'ayant été voir au bout de ce tems, pour ſubvenir à des beſoins auſſi preſſans, lui donna un mandat de cent mille écus ſur le ſieur *Peixoto*, *Banquier*, lequel mandat *il ſouſcrivit*, dit-elle, *en ſa préſence*, avec *défenſe de le négocier*. L'abſurdité d'une pareille fable doit diſpenſer de la diſcuter.

Ce premier mandat n'ayant point paru en bonne forme aux Conſeils de Madame de Saint-Vincent, elle propoſa, dit-elle, au Suppliant de lui en faire un autre : il le fit & le lui envoya.

1°. Ni le premier ni le ſecond mandat n'ont été préſentés au ſieur Peixoto ; or il n'y avoit que ſon refus de reconnoître, qu'il eût cent mille écus à remettre à Madame de Saint-Vincent, qui pût établir, que la forme du premier mandat fût vicieuſe ; donc il n'y a point eu de motif pour demander au Suppliant l'échange de ce premier mandat contre le ſecond.

2°. Il eſt prouvé au procès, par la dépoſition d'un témoin, que les deux mandats ont été *revêtus de l'acceptation du ſieur Peixoto*. Le premier mandat ayant été, ſuivant Madame de Saint-Vincent, ſouſcrit par le Suppliant devant elle, & à elle remis à l'inſtant, cette acceptation du premier mandat eſt conftamment de fon fait, & cette acceptation étant prouvée fauffe, c'eft un faux par elle commis.

3°. Trois témoins récolés & confrontés ont établi, que le fecond mandat, qui n'a jamais été préfenté non plus au fieur Peixoto, a été revêtu de fon acceptation & préfenté à la négociation. Madame de Saint-Vincent & Canron *s'avouent les auteurs de ce faux*; or cette acceptation fauffe emporte la fauffeté de la fignature du Suppliant qui y étoit appofée. L'exiftence fimultanée de ces deux mandats, dans fes mains, prouve que ni l'un ni l'autre n'étoient émanés du Suppliant; & fi Madame de Saint-Vincent les eût tenus de lui, il eft évident que loin de les anéantir par le faux, dont elle les a viciés, elle eût préfenté l'un ou l'autre au Sr Peixoto, & elle ne fe feroit point bornée, dans le tems qu'elle avoit deux effets de cette importance fur lui, à folliciter ce Banquier de lui prêter 1200 liv. (comme il eft encore prouvé au procès), fans lui dire un mot de fes mandats.

Vainement Madame de Saint-Vincent & Canron cherchent-ils à affoiblir le faux par eux commis, en prétendant que la preuve qu'ils n'ont pas voulu contre-faire la fignature du fieur Peixoto, & que ce n'a été qu'un jeu de leur part, c'eft que fon nom n'étoit pas exactement & correctement écrit dans cette fignature. Mais, comme il eft prouvé au procès, que le nom de ce Banquier étoit exactement écrit dans le corps de ce fecond mandat, il eft abfurde d'ofer dire qu'il ne l'ait pas été dans l'acceptation. Cette acceptation a été tellement faite pour en tirer parti, qu'on l'a préfentée au S'Julien pour l'efcompter, D'ailleurs la précaution prife par Madame de Saint-Vincent, de tirer une reconnoiffance du fieur Dumas, au moment où elle lui remit ce mandat, pour en tenter la négociation, les difficultés qu'elle fit pour fe deffaifir de cette reconnoiffance & l'effroi du fieur Dumas, qui fe trouvoit avoir donné fa reconnoiffance d'un effet reconnu faux : tous ces faits qui font conftatés au procès, prouvent combien Madame de Saint-Vincent attachoit d'importance à ce faux titre ; tout démontre que la fauffe acceptation *Peixoto* n'avoit point été un jeu de fa part & de celle de Canron ; tout prouve enfin qu'ils avoient mis cette fauffe acceptation fur le mandat, pour le négocier & en tirer parti.

Ces mandats, fabriqués fur le S' Peixoto, tiennent vifiblement à la fable des promeffes du Suppliant, fuppofées faites à Poitiers, & aux lettres prétendues du fieur Peixoto également fabriquées par Madame de Saint-Vincent. C'étoit le comble de l'édifice dont elle croyoit avoir pofé les fondements en fabriquant ces fauffetés préliminaires. Il eft donc conftant & démontré que ces deux mandats font deux faux, dont Madame de Saint-Vincent eft l'Auteur & qu'elle les a fabriqués, pour efcroquer de l'argent, fur la foi des deux fignatures dont elle les avoit revêtus.

Qu'on joigne à ces preuves de faux, l'abfurdité de l'aveu fait par Madame de Saint-Vincent dans fon premier interrogatoire, que poftérieurement à la prétendue remife de ces mandats, elle a reçu une fois fix louis du Suppliant, qu'il lui donna *comme par charité*, & l'on ſentira que tous ces faits ſe détruiſent d'eux - mêmes; l'aveu de l'un prouve l'abſurdité de l'autre , & tout ſe réunit pour établir la fauſſeté de ces mandats.

Ces mandats étant démontrés faux , ils n'ont pu faire la matiere d'un échange en billets au porteur: les billets dont il s'agit au procès ne ſont donc jamais ſortis des mains du Suppliant, puiſque, dans le ſyſ- tême de Madame de Saint-Vincent, il ne les lui auroit donnés , qu'autant qu'il lui auroit précédemment donné un mandat, non acquité à ſon échéance.

Avant de diſcuter particulierement le faux de ces billets, il eſt eſſentiel de relever une abſurdité & une contradiction qui ſe remarquent dans les menſonges mêmes des Accuſés.

Ils diſent, que l'échéance du ſecond mandat étant paſſée, ſans que le Suppliant fût en état de l'acquitter, on lui propoſa de faire des billets au porteur à une autre échéance.

Mais, 1º. il leur eſt impoſſible de déterminer qu'elle étoit l'échéance de ce mandat; 2º. il eſt viſible, par le contexte qu'ils rapportent de ce mandat, qu'il n'a- voit aucune échéance, & qu'il auroit été exigible dès le moment qui lui avoit donné l'exiſtence. 3o. Il ne s'agiſſoit point des facultés actuelles du Suppliant pour acquitter ce mandat , mais de celles du ſieur Peixoto (1). En ſuppoſant que celui-ci ne pût l'ac-

______

(1) Suivant Madame de Saint-Vincent & le ſieur Vedel ce mandat étoit conçu en ces termes : *Je prie le ſieur Peſchot de donner à Madame de Saint-Vincent les cent mille écus qui lui appartiennent , & dont je le tiendrai quitte pour toujours.* Il n'y avoit de différence , encore ſelon eux,

quitter qu'autant que le Suppliant lui en eût fait les fonds, il n'y avoit que la déclaration, faite par le sieur Peixoto, qu'il n'avoit pas les fonds, qui pût constater que le mandat ne seroit pas payé. Or il est prouvé & avoué par Madame de Saint - Vincent, que *jamais elle ne lui avoit fait présenter ce mandat.* Donc le motif, donné à l'échange de ce mandat, en billets au porteur, est un mensonge de plus, établi par la déclaration même faite par Madame de Saint-Vincent dans ses interrogatoires, qu'elle fut conseillée de faire protester le mandat, & qu'elle ne le fit pas par égard pour le Suppliant. Rien ne caractérise plus la fausseté de toute sa fable que cette platitude, imaginée aussi mal-adroitement, pour se donner un air de bonne-foi, inadmissible après tous les aveux qui la démentent.

Enfin Madame de Saint-Vincent & le sieur Vedel donnent les mois d'Avril & de Mai 1773, pour époque de *la remise* à elle faite directement par le Suppliant des deux mandats : & il s'est trouvé dans les papiers du sieur Vedel trois *projets* de billets du Suppliant, écrits de la main du Major, datés des 12, 16 & 18 Octobre suivant, par lesquels il est censé encore promettre alors *d'envoyer ce mandat par un homme qui est enfin arrivé.* Si le Suppliant *promettoit* encore le mandat en Octobre, il ne l'avoit

de ce premier au second mandat, qu'en ce que les mots, *qui lui appartiennent,* étoient supprimés dans le second mandat, & qu'au lieu de promettre par le Suppliant *d'en tenir quitte* le sieur Peixoto pour toujours, on prétend *qu'il promettoit de lui tenir compte desdits cent mille écus.* Ainsi l'on ne voit point encore qu'il y ait d'échéance donnée à ce second prétendu mandat.

donc pas *remis* en Avril ou Mai précédens.

Rien ne prouve mieux le faux de ces mandats que cette variation des projets du faux & des fables concertées entre Madame de Saint-Vincent & le fieur Vedel.

Quoique ces mandats ne foient pas l'objet principal & direct du procès, la difcuffion & l'établiffement de leur fauffeté étoit de la plus grande importance, parce qu'elle entraîne néceffairement celle des billets au porteur. Un échange fait, fuppofe la matiere de cet échange. Le mandat a fait feul, dans le fyftême des Accufés, la matiere de l'échange en un billet au porteur de pareille fomme ; il eft prouvé qu'il n'exiftoit point de mandat vrai ; donc on n'a pu propofer au Suppliant d'y fubftituer un billet au porteur.

Cependant Madame de Saint-Vincent & le fieur Vedel foutiennent que le 13 Novembre 1773 , lui (fieur Vedel) *a porté à l'Hôtel du Suppliant* un paquet contenant un billet tout dreffé & daté, avec une échéance donnée, de cent mille écus, & cinq dans la même forme de 60,000 liv., avec une lettre de Madame de Saint-Vincent qui prioit le Suppliant de figner l'un ou les autres à la place du mandat *qu'on ne lui envoyoit point ;* & que le lendemain, 14 Novembre Dimanche matin , un laquais du Suppliant a rapporté à Madame de Saint-Vincent le billet de cent mille écus & deux de 60,000 liv. fignés du Suppliant , avec le *bon pour* écrit de fa main , & qu'une lettre d'envoi qui accompagnoit ces billets, **deftinoit** *l'un au paiement des dettes de Madame de Saint-*

Vincent, l'autre au fieur Vedel fous le nom de tiers, avec la recommandation ridicule après cette deftination indiquée, *de n'en vendre aucun d'un an.*

On ne relevera pas ici toutes les abfurdités de cette troifieme partie du Roman de Madame de Saint-Vincent & du fieur Vedel. Le Suppliant les a fuffifamment développées dans fes divers Mémoires qui font fous les yeux de la Cour. Il n'y a perfonne qui ne foit frappé de l'extravagance d'une libéralité de 120,000 livres faite par le Suppliant au-delà de ce qu'on lui demande, & de ce don de 60,000 liv. fait au fieur Vedel, vis-à-vis duquel il eft démontré au procès que le Suppliant n'avoit nulle efpece de motif pour être auffi prodigue à fon égard. Toutes ces invraifemblances fuffiroient pour démontrer que ce fait eft apochryphe.

Mais une preuve fans réplique de fa fauffeté eft l'*alibi* notoire du Suppliant à cette époque. Le paquet, dit-on, n'a été remis que *le 13 Novembre après midi à fon hôtel à Paris.* Or les fonctions de fa Charge le fixoient alors à Fontainebleau. Ce même jour, il étoit à Nemours, où il étoit allé complimenter Madame la Comteffe d'Artois de la part du Roi. Il n'en revint que dans la nuit à Fontainebleau. Tout le détail de l'entrevue de la Princeffe avec la Cour le lendemain roula fur lui. Il accompagna le foir de ce même jour 14 le Roi à Choifi, & fe rendit le lendemain 15 à Verfailles pour le mariage. Après un tel *alibi,* & dans de pareilles circonftances, comment placer l'envoi à Fontainebleau des billets

en

en queſtion ; leur ſignature précipitée par le Suppliant qui depuis tant de tems ne faiſoit, dit-on,
que des promeſſes, & le retour de ces mêmes billets à Paris, d'abord à l'Hôtel de Richelieu, puis de
l'Hôtel de Richelieu au Couvent de la Miſéricor-
de dans l'intervalle du 13 Novembre après midi au
lendemain 14 au matin? Il y a des choſes ſi éviden-
tes, qu'elles ne peuvent ſe raiſonner. Il n'y a certes
perſonne qui dans un pareil concours de circonſtances, ne ſoit convaincu de la fauſſeté du fait de l'envoi
des billets à cette époque.

Auſſi les Accuſés qui n'y avoient point fait d'attention lorſqu'ils ont préparé cette fable, en ont - ils
été effrayés & ont cherché à varier ; mais elle avoit
été tellement fixée entr'eux, qu'il leur a été impoſſible de la changer.

Le Suppliant a produit au procès deux lettres à
lui écrites par Madame de Saint-Vincent. Par l'une
poſtérieure à la prétendue remiſe faite par le Suppliant des deux mandats, cette Dame, en lui inſi-
nuant de lui faire une avance de 300 liv. que le Vicomte de Caſtellane étoit chargé de lui donnner de
la part de ſon mari pour ſon départ de Paris, lui annonce qu'elle *va quitter cette ville.* Par l'autre, elle
lui mande *qu'elle va être bientôt à même de ſatisfaire
à tout ce qu'elle lui doit.* Cette derniere eſt ſans date ;
mais on y parle *d'aller à Verſailles pour les fêtes* ; ce
qui la reporte au tems du mariage de M. le Comte
d'Artois ; époque donnée par Madame de Saint-

Deuxieme in-
terrogatoire de
Madame de
Saint Vincent,
art. 77, 78, 79.

C

Vincent & le sieur Vedel , à l'envoi des trois billets au porteur dont il s'agit.

Il résulte certainement de ces lettres, que le Suppliant
ne pensoit pas alors à faire un don de 420,000 liv. à
Madame de Saint-Vincent; qu'elle n'y comptoit point;
qu'elle n'avoit point reçu du Suppliant un mandat
de cent mille écus : que loin que le Suppliant dût
rien à Madame de Saint-Vincent, elle reconnoissoit
lui devoir beaucoup pour les services qu'il lui avoit
rendus; qu'enfin le Suppliant ne se proposoit point de
retenir Madame de Saint-Vincent à Paris, ni de la
mettre en état d'y *tenir une maison* , comme elle l'a
avancé dans son interrogatoire.

Il existe au procès un cahier de copies de lettres
du Suppliant, vraies ou fausses, remises par Madame
de Saint-Vincent au Magistrat de Police, & par elle
reconnues dans son premier interrogatoire. Il s'y
en trouve une datée du 13 Novembre, de Fontainebleau ; elle établit encore l'*alibi* du Suppliant à cette
époque ; mais elle prouve de plus par les détails
qu'on y lit, combien M. le Maréchal étoit éloigné
de la folle prodigalité qu'on prétend qu'il a faite le
lendemain 14.

Enfin une lettre de M. l'Evêque de Tarbes adres-
sée au Suppliant, datée de Troye le 26 Novembre
1773 , prouve qu'à cette même époque, *il sollici-
toit la médiation de ce Prélat pour faire payer les
dettes* de Madame de Saint-Vincent à Poitiers par sa
famille, pour le paiement desquelles dettes le Ministre
pressoit de son côté. Si à cette époque le Suppliant

Voyez art. 28 du premier in-terrog. imprimé de Madame de Saint-Vincent.

avoit été dans les termes d'une libéralité si prodi-
gieuse envers Madame de Saint-Vincent, se seroit
il occupé de faire payer par la famille de cette Dame
une modique somme de 3 à 4,000 liv. à laquelle ces
dettes montoient ?

On peut donc dire avec confiance , qu'il est démontré que l'envoi prétendu des billets au porteur
du 14 Novembre, n'a jamais eu lieu , & conséquemment que les deux billets de 60,000 liv. qui en résul-
tent & qui sont au procès, sont faux, & que le billet
de cent mille écus, qui y étoit joint, est également faux.
Mais la plainte en faux principal rendue par le Suppliant contre les billets au porteur à lui attribués par
M.me de S.-Vincent, s'étend aussi aux *circonstances* &
dépendances de ce délit, & dès-lors elle frappe nécessairement sur tous les faux préparatoires & accessoires
à ceux qui font l'objet matériel du procès, & dont
l'instruction a procuré les preuves ; conséquemment
quoique les deux faux mandats revêtus de la fausse acceptation du S.r Peixoto, & le billet de cent mille écus
prétendu signé du Suppliant, ne soient pas au procès
par la suppression que Madame de Saint-Vincent en a
faite, ils ne doivent pas moins faire partie du Jugement à intervenir. Cela ne peut faire la matiere d'un
doute. On ne peut à la vérité condamner des coupables, qu'autant qu'il y a un corps de délit. Mais
l'existence matérielle de ce *corps* de délit n'est pas
nécessaire au procès, il suffit qu'elle soit prouvée
par les informations & les aveux des Accusés, &
que ce délit soit une circonstance & une dépendance

néceffaire de celui qui a fait l'objet principal de la plainte. Telle eft l'efpece des deux faux mandats & du faux billet au porteur de cent mille écus.

Les raifonnemens faits fur l'échange des mandats en un billet de 100 mille écus, trouvent la même application à l'échange de celui-ci en billets de moindres fommes. Si le billet de 100 mille écus n'eft jamais émané du Suppliant, il n'a jamais pu écouter la propofition de l'échanger en plufieurs billets de pareille fomme. Cependant Madame de Saint-Vincent dit encore que cette propofition lui a été faite, & qu'il y a aquiefcé. On lui préfenta, dit-elle, des modeles de billets de diverfe fomme tout dreffés, datés avec des échéances données, & il les a fignés *& a mis le bon pour les fommes, de fa main.*

Même abfurdité pour la propofition & fon acceptation, que dans l'échange du 14 Novembre.

Madame de Saint-Vincent convient avoir fait faire chaque corps des billets par autant d'écrivains des rues, & elle ne peut en nommer aucun.

Encore *un alibi* dans cette époque. Madame de Saint-Vincent dit avoir reçu ces derniers billets de la main du Suppliant à Paris, & l'un de ces billets eft daté du 8 Mai, furveille de la mort du Roi, jour auquel le Suppliant étoit notoirement à Verfailles.

Ces billets réunis excédent de 5000 liv. le billet de 100 mille écus prétendu échangé, & le Suppliant a encore, dit-on, confenti à cette addition.

Voici une contradiction plus importante entre les Accufés, & qui fait une nouvelle démonftration du

faux de l'échange. Selon Madame de Saint-Vincent,
il a eu lieu à la fin de Février ou au commencement
de Mars 1774. Suivant le fieur Vedel, à la fin de
Mars ou au commencement d'Avril ; & il eft prouvé
au procès par les dépofitions des Courtiers employés
par Madame de Saint-Vincent & par le fieur Vedel,
que dès le mois d'Avril on a cherché à négocier des
billets provenus de ce prétendu échange. Ainfi fui-
vant Madame de Saint-Vincent & le fieur Vedel,
l'échange étoit fait & confommé au moins en Avril
1774. Cependant l'Abbé de Trans déclare dans fon
interrogatoire, qu'au commencement de Mai Madame de Saint-Vincent lui a fait faire *le corps de plufieurs*
billets deftinés à cet échange , & qu'elle avoit encore alors
en fa poffeffion le billet de 100 *mille écus.* Donc l'é-
change n'étoit fait ni en Février, ni Mars, ni Avril ;
donc Madame de Saint-Vincent & le fieur Vedel ont
menti à Juftice ; donc l'échange eft faux ; donc les
mandats & les billets font faux.

Il eft évident que ces nouveaux billets au porteur
ont été fucceffivement fabriqués par Madame de
Saint-Vincent ; que jamais ils ne font fortis des mains
du Suppliant, & qu'ils font faux , comme le billet de
100 mille écus que les Accufés veulent qu'ils repré-
fentent.

Une derniere réflexion qui en démontre invinciblement la fauffeté, c'eft que les Accufés n'ofent établir à aucune époque , que les titres échangés aient
été remis au Suppliant. Rien dans leur fable n'a cou-
vert cette abfurdité. Un témoin a vu les deux man-

dats à la fois dans les mains de Madame de Saint-Vincent. Le fieur Vedel convient dans fon premier interrogatoire, avoir vu les morceaux de deux de ces effets dans les mains de Madame de Saint-Vincent, & cette Dame avoue, dans fon dernier Mémoire imprimé, intitulé *Réponfes*, pag. 80, qu'elle avoit encore un des effets de 100 mille écus en main, lors de l'éclat de l'affaire : il avoit d'ailleurs été vu par M. de Jumilhac & M. de Sartine. En vain les Accufés veulent-ils affoiblir l'argument qui réfulte de ce fait, en alléguant que ces effets étoient déchirés. Outre qu'ils font les maîtres de cette affertion , & qu'ils ont pu ne lacérer ces effets que dans le moment de la crife ; cette lacération fuppofée vraie ne pouvoit équivaloir à la remife de ces titres au Suppliant qui n'avoit aucune fûreté pour fa libération d'engagemens auffi confidérables , bien faits pour l'inquiéter s'ils euffent été réels.

Enfin, il n'y avoit plus de converfion à faire, plus de prétexte pour prétendre à de nouvelles libéralités de la part du Suppliant, & les lettres de Madame de Saint-Vincent, faifies fur Benavent, les aveux de celui-ci, ceux mêmes faits par Madame de Saint-Vincent, confirmés par fa lettre à Benavent, reconnue par elle dans fon interrogatoire du 12 Décembre dernier, établiffent que lors de l'éclat de l'affaire elle s'occupoit encore d'une contrefaction de billets pour 80,000 liv.

Le Suppliant pourroit fe flatter d'avoir rempli fon objet par le réfumé qu'il vient de mettre fous les yeux

Art.20.

de la Cour. Si jamais faux fut démontré, c'est sûrement celui qu'il a dénoncé à la Justice ; & s'il n'existoit point de Loi positive qui requît l'avis des Ecrivains experts pour asseoir le Jugement des Magistrats en matiere de faux, certainement on seroit dispensé dans l'espece de recourir à cet avis.

La naissance de Madame de Saint-Vincent & son éducation, devoient sans doute écarter d'elle jusqu'au soupçon du crime de faux, dont elle est accusée. Mais le Suppliant, Pair & Maréchal de France, jouissant d'une fortune considérable, comptable de son honneur à sa postérité, à la Nation & à l'Europe entiere, avancé dans sa carriere, a-t-il pu sérieusement être soupçonné de méconnoître ses engagemens & de dénier sa vraie signature ? Qu'on mette dans une juste balance ce qu'il avoit à gagner d'une part, & ce qu'il avoit à perdre de l'autre, en entamant ce malheureux procès, & il n'y a aucun homme sage & conséquent qui, par cette seule réflexion, ne juge que les billets sont faux.

Mais heureusement le Suppliant n'est pas réduit à des probabilités, il réunit en sa faveur les trois genres de preuves dont l'Ordonnance de 1737 a indiqué le concours sans l'exiger. Le Législateur éclairé avoit senti la difficulté de les réunir tous sur une espece de délit si facile à envelopper dans les ténebres, & qui, loin d'admettre des témoins & d'offrir des circonstances, les écarte tous. Dans l'espece, les dépositions des témoins, les papiers saisis chez les Accusés, leurs aveux, les faux billets eux-mêmes, tout s'eft réuni pour déceler le crime des fauffaires.

Raffemblons en peu de mots, toutes les preuves de la fauffeté & des pieces, & des billets, & des fables imaginées pour leur donner de la vraifemblance. Preuve teftimoniale & aveu de Madame de Saint-Vincent, confignés dans une lettre par elle écrite, fur la fauffeté de fon prétendu *rapt de Milhau*. Preuve adminiftrée par elle-même dans une lettre du Suppliant qu'elle a dépofée au Greffe du Châtelet, & confignée dans une lettre du fieur fon pere, & celles de M. l'Evêque de Tarbes, fur la fauffeté de fon prétendu *rapt de Tarbes*. Preuve émanée d'elle, & confignée dans fes lettres au fieur Vedel, fur la faufleté *du rapt de Poitiers*. Preuve confignée dans les mêmes lettres & aveux faits par elle & par le fieur Vedel, de la fuppofition par elle faite à Poitiers, de *lettres du fieur Peixoto*. Preuve teftimoniale & aveux faits par Madame de Saint-Vincent & Canron, de la fabrication de la fauffe *acceptation du fieur Peixoto*, fur les mandats de 100 mille écus. Preuve dminiftrée par elle dans le cahier de copies de prétendues lettres du Suppliant qu'elle a remis au Magiftrat de Police *de l'alibi* du Suppliant le 13 Novembre 1773, jour fixé pour la fignature prétendue par lui faite du billet au porteur de 100 mille écus, & des deux chacun de 60,000 liv. Preuve confignée dans une lettre d'elle au Suppliant, écrite à cette époque, qu'elle n'attendoit rien moins de lui qu'une pareille libéralité. Preuve

ve

ve réfultante de fes contradictions avec les autres
Accufés, & des dates des billets du troifieme échange, de la fauffeté *du dernier échange*, prétendu fait
par le Suppliant : enfin, aveu de fa part du projet
d'une nouvelle contrefaction de billets pour 80,000
liv. & de la fauffeté d'une prétendue lettre du Suppliant, par elle fabriquée pour foutenir cette nouvelle contrefaction, fauffeté certifiée par les aveux
de Benavent.

Si toutes ces preuves & ces aveux ne démontrent
pas jufqu'à l'évidence le faux des billets au porteur,
& des lettres arguées, & que Madame de Saint-Vincent en eft l'auteur, qu'on fe rappelle la lettre écrite
par le Suppliant à Madame de Saint-Vincent, le 12
Juillet 1774, dans le premier inftant où le bruit de
ces faux billets alla frapper fon oreille à Bordeaux,
& la réponfe qu'elle y a faite le 16. Madame de
de Saint-Vincent n'ofant pas rapporter la lettre qui
l'auroit confondue, a dit au Magiftrat de Police,
deux jours après l'avoir reçue, qu'elle l'avoit égarée :
mais la copie de cette lettre lui a été repréfentée, &
elle a été obligée de reconnoître fa conformité avec
l'original, à un feul mot près, qui confifte à fubfti-
tuer le mot de *maquignonnerie* à celui de *fripponnerie*. Voyez fon pre-
Cette fupercherie avoit pour objet de pouvoir pré- mier interrog.
tendre que le Suppliant ne nioit point les billets par art.
cette lettre, & ne faifoit qu'en reprocher la négociation précipitée ; mais 1° elle eft démentie fur ce fait
par l'Abbé de Villeneuve dans fon premier interrogatoire. Il y avoue à trois reprifes différentes avoir

D

vu cette lettre du Suppliant, & qu'elle contenoit la dénégation des billets ; il en adminiftre même la preuve, en ce que pour pallier la négociation de deux des faux billets, montant à 50,000 liv. qu'il tenta à cette époque, il foutient avoir prévenu le Courtier Dufour que ces billets étoient conteftés.

2°. La réponfe de Madame de Saint-Vincent rétablit & le contenu & le vrai fens de la lettre du Suppliant ; il traite de *friponnerie* la fuppofition de ces billets, & invite Madame de Saint-Vincent *à ne la point laiffer impunie.* Quelle eft la réponfe ? *Elle ne connoît pas plus que lui ces billets ; elle eft étonnée que fon nom fe trouve mêlé dans cette affaire ; elle eft bien fâchée contre ceux qui la nomment fans la connoître ; elle propofe un homme de confiance au Suppliant pour aider fon Intendant à découvrir cette intrigue.* Toutes les perfonnes raifonnables qui ont lu ces deux lettres ne ceffent de publier qu'elles feules jugent l'affaire.

Faut-il encore s'arrêter à faire remarquer qu'on ne voit pas dans cette réponfe de Madame de Saint-Vincent le langage & les fentimens qu'elle auroit dû faire éclater fi les billets avoient été vrais. N'auroit-elle pas dû dans cette hypothèfe s'élever avec force contre la hardieffe du Suppliant, l'accabler de reproches, crier vengeance contre lui, & le menacer de le deshonorer ? Mais cherchant au contraire à le tranquillifer, elle défavoue elle-même les billets qu'on fuppofe ; elle fe prête à l'opinion qu'il en a en les regardant comme une friponnerie qu'elle veut approfondir, en uniffant fes recherches à celles du fieur

Marion ; & c'eſt *Benavent* qu'elle lui envoie à cet effet.

Plus on réfléchit ſur cette réponſe, & plus on ſe croit en droit de dire qu'elle ſeule juge l'affaire : elle eſt plus forte qu'un aveu judiciaire ; c'eſt un acte libre de la volonté de Madame de Saint - Vincent; c'eſt un acte émané d'elle dans le moment le plus propre à manifeſter la vérité. Quatre jours plus tard Madame de Saint-Vincent, enhardie dans ſon crime, auroit oſé ſoutenir au Suppliant que les billets étoient ſon ouvrage ; mais elle n'avoit pas encore réſolu de ſoutenir publiquement cette impoſture ; elle ne cherchoit alors qu'à faire de l'argent & à s'enfuir avec ſes complices, & c'eſt à cette circonſtance heureuſe, que le Suppliant a dû l'avantage de voir la vérité qui devoit la confondre, s'échapper de ſa propre bouche.

Qu'on ajoute à cette reconnoiſſance celle qui réſulte des lettres de Madame de Saint-Vincent à Benavent. *On fait des informations , je m'en meurs....* *Cédez tout à Rubit. ... Nous ſommes perdus ſi Rubit nous trahit....* Ce langage ne peint-il pas de la maniere la plus énergique & le crime & le coupable ? Qu'avoient à craindre Madame de Saint-Vincent & ſes complices, ſi les billets étoient vrais? Pourquoi prendre le parti de la fuite qu'elle annonce dans ſes lettres, ſi elle n'avoit rien à redouter des informations? C'eſt ici une nouvelle preuve de faux; elle eſt d'autant plus précieuſe, que comme la premiere, elle ſort encore de la bouche, & pour ainſi dire, de la perſonne entiere des Accuſés : leur effroi, leur projet de fuite, leur crainte, ſont le ſignal ordinaire du crime.

La fauſſeté des billets au porteur eſt donc démontrée, 1°. par la fauſſeté des motifs que Madame de Saint-Vincent leur prête. 2°. Par l'impoſſibilité prouvée de leur exiſtence comme *vrais*. 3°. Par les reconnoiſſances mêmes de Madame de Saint-Vincent.

La quatrieme preuve du faux réſulte du témoignage des Experts qui n'ont trouvé aucune reſſemblance entre les ſignatures authentiques du Suppliant & celles appoſées au bas des billets.

Peu importeroit de ſavoir comment les fauſſaires ont opéré pour conſommer leur faux : d'ailleurs il ſuffiſoit que ce qu'ils ont donné pour l'écriture & la ſignature du Suppliant fût jugé par les Ecrivains experts, n'avoir ni le génie, ni le caractere de ſon écriture & de ſa ſignature ordinaire ; le contexte des lettres & toutes les autres circonſtances en établiſſoient la fauſſeté morale qui eſt du reſſort des Juges. La fauſſeté matérielle eſt de celui des Ecrivains experts ; mais on ne peut nier que la premiere fauſſeté reconnue ne donne un grand poids à la déciſion des Experts, & ne la mette à l'abri du reproche vague qu'on leur fait en pareil cas de n'avoir qu'un art conjectural. De ſimples conjectures deviendroient des démonſtrations dans une eſpece comme celle dont il s'agit ; à plus forte raiſon lorſque la contrefaction eſt telle, que ſans être Expert, il n'eſt perſonne qui ne portât le même jugement qu'eux.

La parfaite identité des fignatures de huit des billets au porteur dont eft queftion, celle des quatre autres billets, l'égalité de dimenfion dans la hauteur, longueur & largeur des mots & des lettres qui compofent ces fignatures, forcent le jugement de tout le monde fur leur fauffeté. On eft convaincu qu'il eft impoffible qu'une perfonne faffe huit fignatures avec une telle uniformité phyfique, qu'on n'y puiffe trouver aucune différence, foit dans l'étendue, foit dans l'intervalle des lettres, de forte qu'elles rempliffent également la même place.

Après tous les faits & toutes les circonftances de l'affaire, il eft impoffible que la Cour adopte le fubterfuge imaginé par les Accufés qui, déconcertés par ces identités & la conviction qui en réfulte du faux, ofent effayer de l'attribuer au Suppliant, en hafardant de dire qu'il a envoyé les billets faux, & qu'ils peuvent être l'ouvrage d'une griffe & même de deux, ou enfin d'un Secrétaire fauffaire. Ces variations auffi abfurdes qu'atroces trahiffent elles-mêmes des coupables réduits à un pareil genre de défenfe.

D'abord, pourquoi cette critique amere des dépofitions des Experts, & toutes les injures qui leur font prodiguées, fi les Accufés croient ces billets envoyés faux par le Suppliant, & qu'il ait fait faire les fignatures avec une griffe ? S'ils ne le croient pas, le faux démontré eft donc leur propre ouvrage.

2°. Il eft démontré que le Suppliant n'a ni envoyé ni remis de billets à Madame de Saint-Vincent ; donc il ne les a pas donné faux.

3°. Il eſt viſible que les ſignatures ſont faites à la main, & les Experts l'ont reconnu. D'ailleurs le Suppliant a articulé & mis en fait, qu'il n'a jamais eu de griffe, & Madame de Saint-Vincent n'a oſé demander à faire preuve du contraire. On ne trouvera aucune trace ni dans l'ordre des affaires, ni dans l'ordre de la ſociété, d'un uſage de griffe de la part du Suppliant, qui ne pouvoit s'en ſervir qu'autant qu'il y auroit été autoriſé par un Arrêt du Conſeil qu'il n'a jamais demandé ni obtenu. Ces prétendues deux griffes dont l'idée eſt ſi ridicule, n'ont donc eu leur application pour la premiere fois qu'aux prétendus billets envoyés à Fontainebleau. Pour appuyer cette chimere, il faut ſuppoſer deux choſes également extravagantes; la premiere, que le Suppliant a prévu que Madame de Saint-Vincent lui propoſeroit la converſion du dernier mandat ſuppoſé revêtu de ſa ſignature; la deuxieme, qu'il a fait faire deux griffes dans cette ſuppoſition, & que prévoyant que cette demande lui ſeroit faite à Fontainebleau, il a eu la précaution de ſe munir de ces deux griffes en y allant. Ces extravagances ſont bien dignes de la Cauſe à laquelle on les fait ſervir.

Le Suppliant a argué de faux ſa prétendue ſignature appoſée au bas d'une lettre prétendue par lui écrite à Benavent, pour l'autoriſer à faire des démarches en faveur du ſieur Vedel auprès de ſon Colonel & du Miniſtre de la Guerre; les Experts l'ont déclaré fauſſe. Cette ſignature ſe trouve dans la claſſe de celles de quatre des billets. Elle eſt parfaitement

identique avec ces quatre fignatures ; même dimenfion , même hauteur , même largeur ; pour peu qu'il fe
trouve de différence , à une premiere fuperpofition ,
en faifant un peu vaciller le papier , on parvient à re-
couvrir les lettres de la fignature inférieurement po-
fée , enforte que c'eft évidemment fur le même mo-
dele que la fignature de la lettre & celle des quatre
billets en queftion ont été contre-tirées. Or Madame
de Saint-Vincent a foutenu dans fon premier interrogatoire , avoir porté cette lettre toute faite au Suppliant, & *la lui avoir vu figner.* Sa lettre à Benavent,
reconnue par fon interrogatoire du 12 Décembre
dernier, réitere cette affertion. Ce n'eft donc pas une
lettre envoyée par le Suppliant dont on puiffe lui
imputer la falfification. C'eft donc fur Madame de
Saint - Vincent feule que cette falfification établie
d'ailleurs retombe. Or la falfification de cette fignature attire à elle celle des fignatures des quatre billets
qui lui font identiques ; donc les fignatures de ces
quatre billets font l'ouvrage de Madame de Saint-
Vincent. Or fi elle a fait le faux de quatre des billets
argués , il eft vifible & démontré que le faux des huit
autres eft fon ouvrage. La preuve d'un faux émané
d'elle dans cette affaire la convainc néceffairement
de tous les autres , & celle du faux des quatre billets
d'une claffe féparée eft fans réplique.

Les fignatures des billets démontrées fauffes, on ne
voit pas comment il pouvoit refter le moindre doute
fur le *conftaté* ou les *bon pour.* Si le Suppliant n'a point
figné les billets, il eft évident qu'il n'a point écrit leur
conftaté. Si Madame de Saint-Vincent , ou tel autre

fauſſaire employé par elle, a contrefait les ſignatures, par une même conſéquence l'auteur de cette contre-faction l'eſt de celle des *conſtaté* des billets. Il ne faut pas être Expert pour voir à l'inſpection des billets, que le *conſtaté* eſt de la même main qui a fait les ſignatures. Les lettres ont la même maigreur, c'eſt un caractere non décidé, l'écriture eſt timide & mal aſſu-rée. Le Suppliant ni les Experts ne ſont point tenus d'indiquer où le fauſſaire a trouvé le type qui a di-rigé pour écrire ce conſtaté, ni même d'établir qu'il a été fait par la voie du calcage ou contre-tirement; il a un caractere différentiel de l'écriture ordinaire & habituelle du Suppliant. Cela ſuffit; Madame de Saint-Vincent avoit pu ſe former un alphabet de l'écriture du Suppliant dans les lettres qu'elle avoit de lui, ſur lequel elle formoit les mots néceſſaires à ſes combinaiſons, & ſur lequel elle contre-tiroit enſuite ſes faux. C'eſt ſans doute un ouvrage pénible, & qui demande de la patience; mais une femme qui s'étoit occupée du pro-jet d'eſcroquer un argent conſidérable du Suppliant, dès *Milhau*, où ſelon elle, *elle avoit penſé l'avoir*; que ce projet a accompagnée à *Tarbes & à Poitiers*, où l'on a la preuve qu'elle *s'occupoit habituellement à contre-tirer les lettres du Suppliant*; qui à Poitiers étoit *tellement entichée de cet argent, que toutes ſes penſées étoient noyées dans celle-là*; qui n'eſt venue à Paris que pour y atteindre *le terme de ſes malheurs qui étoit fixé dans cette Ville de reſſource, dans le ſecret de ſa deſti-née & de celle du ſieur Vedel*, s'eſt ſûrement donné beaucoup de peines pour conſommer ce grand œuvre.

œuvre. Elle le dit elle-même au sieur Vedel, dans une de ses lettres où elle lui mande, que *depuis qu'elle s'est occupée de cet argent, elle a mené une vie bien malheureuse, qu'elle eût donnée vingt fois pour un liard.*

Enfin cette écriture des *constatés* des billets, ainsi que celle des lettres, peut être l'effet d'une simple imitation d'un faussaire, qui s'étoit habitué à contrefaire l'écriture du Suppliant, & croyoit y être parvenu. Qu'on se rappelle deux lettres remarquables dans l'affaire, dont l'existence est prouvée, autant que leur fausseté ; l'une est celle que Benavent a soutenu avoir vue dans les mains de Madame de Saint-Vincent, prétendue écrite par le Suppliant, de Bordeaux, par laquelle le Suppliant étoit censé promettre à Madame de Saint-Vincent de lui envoyer les nouveaux billets montant à 80000 liv. dont elle avoit projetté la contre-faction : Benavent dit l'avoir cru vraie. L'écriture du Suppliant étoit donc bien imitée, & cependant Madame de Saint-Vincent a avoué que le Suppliant ne lui avoit point écrit cette lettre. L'autre lettre est celle par laquelle on faisoit avouer au Suppliant une paternité supposée : le Procureur Lafitte a été dépositaire de cette lettre, l'a colportée à Compiegne, l'a montrée à tous les Ministres & au Magistrat de Police. Le sieur Maziere, un des Clients de ce Procureur, l'a vue & en a déposé : cette lettre contenoit deux pages & demie d'écriture supposée du Suppliant ; ceux qui la connoissent le mieux s'y méprenoient. Madame de Saint-Vincent, sommée, ainsi que son Procureur, a diverles reprifes, n'a ofé la produire en Juftice; & enfin, dans fon interrogatoire a avoué que le Suppliant ne la lui avoit jamais écrite, quoiqu'à la confrontation elle n'ait pu nier qu'elle avoit exifté. Voilà donc deux contrefactions certaines de l'écriture du Suppliant, affez bien faites pour jetter dans l'erreur, & toute deux émanées de Madame de Saint-Vincent. Outre qu'elle eft par-là conftituée fauffaire fur ces deux objets, l'argument que fes Defenfeurs tirent de l'invraifemblance des autres faux, dont elle eft convaincue, n'eft évidemment plus propofable; car, puifqu'elle a contrefait deux lettres entieres, elle a pu en contrefaire vingt, & à plus forte raifon contrefaire douze fignatures & douze conftatés.

La lettre cotée 30 du dépôt de Lafitte, calquée fur celle cotée 25 du même dépôt, les fignatures identiques de huit des billets, celles également identiques des quatre autres, & de la prétendue lettre écrite par le Suppliant à Benavent, prouvent qu'il y a eu un calcage pratiqué; la diffemblance des écritures arguées de faux, de celle habituelle au Suppliant, prouvent la contrefaction: la preuve de l'un corrobore celle de l'autre, & il n'eft pas poffible que la Cour ne tienne pour démontré dans cette affaire le faux matériel autant que le faux moral & perfonnel à Madame de Saint-Vincent.

Les pieces qui ont fervi de comparaifon font hors de critique; ce font des fignatures authentiques, faites en tems non fufpect, & des lettres du Suppllant prifes dans celles mêmes dépofées en Juftice par Madame de Saint - Vincent : elles pouvoient fuffire ; néanmoins le Suppliant y a ajouté un corps d'écriture fait en Juftice. L'Ordonnance de 1737 ne l'ordonnoit point à la vérité , mais ne le défendoit pas, & fon efprit fembloit l'indiquer. Elle permet de prendre pour pieces de comparaifon les écritures & fignatures des Parties qui font au procès. Certainement, de toutes celles qu'on pouvoit prendre du Suppliant, celle faite en préfence du Juge , du Procureur du Roi , & des Experts, fans aucune préparation , étoit la moins fufpecte : le corps d'écriture fait en Juftice a lieu pour décider de qui eft l'écriture arguée de faux.

L'objet du Suppliant étoit de prouver que celle en queftion n'étoit pas la fienne : voilà tout ce qu'il devoit fe propofer comme Partie civile ; c'eft à la Partie publique feule qu'il appartient de requérir que l'Accufé faffe un corps d'écriture en Juftice , quand il ne fe trouve pas de preuves fuffifantes au procès pour le convaincre du faux perfonnel. Cette précaution eft certainement inutile dans l'affaire préfente.

MALGRÉ l'ingratitude & les outrages , dont Madame de Saint - Vincent s'eft rendue coupable envers le Suppliant , il auroit defiré que la nature de l'affaire lui permît de ne pas voir en elle l'auteur du faux. La liberté d'ufer de quelque générofité envers une femme dont il a tant à fe plaindre , auroit diminué l'amertume des chagrins qu'elle lui a fufcités pour prix de fes bienfaits , & lui eût rendu encore plus précieux l'Arrêt de la Cour qui doit lui rendre son repos, troublé si cruellement depuis dix-huit mois. La conduite du Suppliant, dans le principe de cette affaire, a suffisamment prouvé combien il desiroit sauver la coupable. Averti que les faux billets au porteur, soufcrits de son nom, font négociés par Madame de Saint-Vincent, c'est à elle qu'il en porte ses plaintes. Il lui envoie son Homme-d'affaires, l'invite à s'ouvrir à lui, & à s'en servir pour arrêter le cours de la fripponnerie dont il se plaint. Un aveu de Madame de Saint-Vincent pouvoit prévenir l'éclat de la scene tragique qu'elle a donnée depuis au Public. Madame de Saint-Vincent, au lieu de profiter de cette ressource qui lui est offerte, prend le mauvais parti de nier qu'elle ait connoiffance des billets, dont la négociation est faite par elle. On s'adresse alors au Magistrat de Police, pour découvrir & arrêter cette fripponnerie par la voie de l'Administration. La famille de Madame de Saint-Vincent, qui elle-même avoit autrefois imploré ce secours pour prévenir le scandale de ses désordres, ne pouvoit que savoir gré au Suppliant d'avoir pris cette voie, pour en éviter un bien plus affligeant pour cette famille, puisqu'il avoit pour principe une fripponnerie. Enfin le Ministre, le Roi lui-même, en séquestrant Madame de Saint-Vincent de la société de ceux qui l'entraînoient dans l'abîme, mettent l'honneur du nom qu'elle porte sous la sauve-garde de l'autorité. Toutes ces sages mesures font déconcertées par le

Vicomté de Caftellane, qui, *fimplement allié* de Madame de Saint-Vincent, & jufques-là *fon plus acharné détracteur*, devient tout-à-coup, par des vues indéfiniffables, fon plus zélé partifan en apparence ; il provoque le combat judiciaire. L'événement a décidé de la reconnoiffance que Madame de Saint-Vincent & fes parens doivent à cet allié qui les a tous facrifiés à fes vues perfonnelles, & qui pour mafquer l'odieux de fa propre conduite, les a affociés dans des démarches, réprouvées par l'honneur & les Loix.

Le Suppliant, pouffé à bout, ne perd cependant point de vue le plan de modération qu'il s'étoit tracé vis-à-vis de Madame de Saint-Vincent. Ne pouvant douter qu'elle eft l'auteur des faux qu'il eft forcé de dénoncer à la Juftice, il ne l'accufe point, & rend une plainte vague où elle n'eft pas même nommée. Les informations l'ont chargée ; elle a été décrétée de prife-de-corps. Tout, depuis cette époque, jufqu'au refus de fon élargiffement provifoire, qui lui a été fait par la Cour des Pairs, eft du fait de la Juftice.

Aujourd'hui les Défenfeurs de Madame de Saint-Vincent ont changé l'état des chofes. Au moyen de leurs imputations calomnieufes, il ne fuffit plus que les billets au porteur foient déclarés faux, il faut que l'auteur de ce faux foit connu & condamné. Si l'auteur du faux reftoit incertain, la malignité ne manqueroit pas de faire foupçonner le Suppliant, fous prétexte de cette incertitude. Il doit à fon honneur, à fon nom, & aux dignités dont il eft revêtu, de faire connoître les vrais coupables. Il lui eft impoffible de laiffer fubfifter le moindre louche fur un point, qui, tôt ou tard, ferviroit de prétexte à renouveller toutes les atrocités dont cette affaire a donné le premier exemple.

Que Madame de Saint-Vincent & le Vicomte de Caftellane s'imputent donc de l'avoir mis dans cette dure néceffité ,qui répugne autant à fon cœur, qu'aux procédés qu'il devoit aux parens refpectables de Madame de Saint-Vincent. Au furplus, l'honneur de cette famille n'eft pour rien ici ; elle eft trop diftinguée pour que la honte & le crime de Madame de Saint-Vincent puiffent lui imprimer la moindre tache. Et fi les parens de cette fauffaire célebre, ont un jour quelques reproches à effuyer, il ne leur en fera jamais fait d'autres que celui d'avoir cédé, peut-être trop facilement, aux importunités du Vicomte de Caftellane, & de s'être rendus complices de la perfécution de la calomnie, & de l'intrigue dont il s'eft rendu coupable envers le Suppliant.

Il n'eft que trop vrai que Madame de Saint-Vincent eft l'auteur du faux. La perpétration de ce crime, par elle-même, tient tellement au faux des *billets*, qu'en établiffant les preuves du corps de délit, la preuve que Madame de Saint-Vincent en eft l'auteur, fe trouve faite.

Il n'en eft point du faux comme des autres crimes publics. Comme il fe commet dans les ténebres, & qu'il fe confomme par la feule perfonne qui s'en rend coupable, fans l'intervention d'aucune autre perfonne, ni d'aucune circonftance néceffaire pour l'exécution, la Juftice ne connoîtroit jamais de fauffaires, s'il falloit des témoins *de vifu* du faux confidéré matériellement. La raifon & l'expérience apprennent que pour appliquer ce genre de crime à un accufé, il fuffit d'indices violens. Tous les Criminaliftes font d'accord de cette vérité. Ces indices dont la Juftice eft réduite à fe contenter, confiftent principalement dans l'habitude prouvée à commettre le même crime, dans les intrigues prouvées pour le faire réuffir, dans le profit qu'on en doit tirer, dans les aveux de l'accufé, qui, quoiqu'indirects, conduifent à cette conféquence.

C'eft ce que fuppofe l'Ordonnance du faux principal de 1737, tit. 1, art. 30; elle dit « que fur le » vu de l'information, par les feuls Experts ou autres » témoins, le Juge pourra décréter, même fans in- » formations, en cas qu'il y ait d'ailleurs des charges » fuffifantes.

Elle n'entend parler dans cet article que de la preuve du faux qui réfulte du témoignage des Experts, lefquels n'indiquent pas toujours l'auteur du faux. Cependant dans ce cas, elle permet d'appliquer ce faux à tel ou tel accufé; ce qui ne peut être fondé que fur des indices violens, tels que ceux qu'on vient de propofer. Or fi elle permet de décréter, elle permet de condamner; fans quoi le crime le plus dangereux dans la fociété, & le plus facile à commettre, demeureroit impuni.

Tous les indices qui viennent d'être indiqués fe réunifient contre Madame de Saint-Vincent ; il ne faut, pour en être convaincu, que fe rappeller tous les faux pratiqués par elle antérieurement, & pour le fuccès de ceux qu'il s'agit de juger : tous les menfonges dont elle eft convaincue, tous imaginés pour colorer fon crime ; les aveux contenus dans fes interrogatoires fur les faux mandats, & fur quelques-unes des fauffes lettres du Suppliant par elle fabriquées ; la fauffeté reconnue & prouvée du furplus de ces lettres, qui, n'ayant d'autre objet que d'accréditer les billets au porteur, font une nouvelle preuve de la fauffeté de ceux-ci, & de la connoiffance que Madame de Saint-Vincent avoit de cette fauffeté qu'elle vouloit mafquer ; fon habitude à faire des faux, manifeftée à Milhau envers le fieur Antoine, & à Poitiers envers le fieur Nerbonneau ; l'occupation à laquelle elle fe livroit pendant fon féjour en cette Ville à contre-tirer les écritures du Suppliant ; l'aveu que le Suppliant ne lui a point fait de billets, contenu dans la lettre qu'elle lui a écrite le 16 Juillet 1774, remife au fieur Marion par Benavent le lendemain ; fes négociations confommées ou tentées à vil prix de tous les faux billets, fes frayeurs, fon défefpoir, fon projet de fuite lors de l'éclat de l'affaire, annoncés dans fes lettres à *Benavent* ; toutes fes variations, les abfurdités de fes affertions, enfin l'aveu fait par elle-même dans fa lettre à Benavent, qu'elle a reconnue à fon interrogatoire du 12 Décembre dernier, qu'elle eft convaincue de fon crime *par fes lettres à Vedel &*

à

à Benavent. Toutes ces circonſtances réunies font une maſſe dont le poids l'accable. Il n'eſt plus poſſible de douter qu'elle a conçu le projet des faux billets, qu'elle l'a développé & l'a exécuté, enfin que les douze billets argués de faux au procès, ainſi que les lettres également arguées & fabriquées, ſoit à l'appui des billets, ſoit au ſoutien des fables imaginées pour rendre les billets vraiſemblables, ſont faux, & doivent être proſcrits comme tels, & que Madame de Saint-Vincent doit être condamnée comme étant l'auteur de tous ces faux, ſoit qu'elle les ait tous fabriqués elle-même, ſoit qu'elle en ait fait faire une partie par une main étrangere, ce qui revient au même.

LE FAUX établi, le Sr Vedel qui en a été l'objet, qui l'a ſuggéré, qui a concouru à toutes les fauſſetés imaginées pour le faire réuſſir, & qui en a profité, eſt néceſſairement complice de ce crime. L'art. 30 du tit. 1 de l'Ordonnance de 1737 reçoit évidemment ſon application aux complices comme à l'auteur du faux. Il y a parité de raiſon pour que ſa condamnation n'exige point des témoins *de viſu* qui dépoſent contre lui, & que des indices violens ſuffiſent pour opérer ſa conviction. Or on peut dire avec confiance que depuis le moment où Madame de Saint-Vincent *a avoué* au ſieur Vedel la fauſſeté des prétendues lettres du ſieur Peixoto par elle fabriquées, toutes les preuves acquiſes du crime de Madame de Saint-Vincent réfléchiſſent directement ſur le ſieur Vedel.

Madame de Saint-Vincent a avoué dans ſon ſecond

interrogatoire , avoir fait confidence au fieur Vedel de la fauffeté des prétendues lettres du fieur Peixoto ; cependant il a continué d'avoir avec elle les liaifons les plus intimes. On prouvera dans un moment, qu'il les a entretenues fur l'objet même de cette fauffeté. Dans cette matiere, comme en bien d'autres, le fi-lence & les liaifons avec le coupable deviennent des preuves de complicité : *qui tacet , confentire videtur.* PREMIER INDICE.

Il eft prouvé au procès que Madame de Saint-Vincent ne s'étoit livrée à tant de fauffetés que pour l'intérêt du fieur Vedel, pour fe l'attacher davantage. Dans une de fes lettres , elle lui mandoit, *fi par mal-heur*, comme cela peut arriver, *que Peixoto ne ré-ponde pas fur le champ, tu oubliera tout ce que tu me promets, & tu me feras une vie de chien. J'aurai beau vouloir te mener dans le cabinet fombre , tu ne voudras pas y venir, je ferai furieufe.* C'eft donc le fieur Vedel qui étoit l'objet, la caufe & la fin de toutes les fauf-fetés de Madame de Saint-Vincent: *is fecit fcelus cui prodeft.* SECOND INDICE.

Le fieur Vedel quitte Poitiers & vient à Paris; il y entraîne Madame de Saint-Vincent, ou plutôt ils s'y entraînent mutuellement. Il eft prouvé que ce fut un arrangement convenu entr'eux; il eft enfin reconnu que le Suppliant n'a eu aucune part à cevoyage, qu'il n'en a eu aucune connoiffance ; toutes les lettres de Madame de Saint-Vincent en font foi, & le Sr Vedel lui - même en a fait l'aveu, page 120 de fa défenfe. Il avoit cependant ofé d'abord foutenir le con-traire. C'eft dans la même vue que le fieur Vedel avoit encore ofé fuppofer que le Suppliant avoit enlevé Madame de Saint-Vincent du Couvent de Milhau, pour la transférer à Poitiers. Toutes ces fables font aujourd'hui démenties par toutes les pieces qui font au procès. Mais il en réfulte contre le fieur Vedel une preuve de complicité ; car s'il a partagé avec Madame de Saint-Vincent toutes ces fauffes allégations, il s'enfuit qu'il partageoit le projet du faux qu'ils cherchoient à rendre vraifemblable par ces fauffes allégations. : *femel malus femper præfumitur malus in eodem genere mali.* TROISIEME INDICE.

Avant que de préfenter la co-opération immédiate du fieur Vedel aux faux commis à Paris par Madame de Saint-Vincent, le Suppliant croit effentiel de lui ôter la reffource imaginée par fes Défenfeurs. Ils ne peuvent le laver de la tache que lui impriment les preuves fans réplique qu'il eft un homme intéreffé, fans délicateffe, & dont l'infatiable cupidité eft la fource des malheurs de Madame de Saint-Vincent ; mais fentant qu'il ne peut plus prétendre au titre ridicule qu'il s'eft donné de *Chevalier fans peur & fans réproches*, ils veulent le fouftraire à la qualification de *fauffaire convaincu*, en prétendant qu'il a été la dupe de Madame de Saint-Vincent, qu'elle lui en a impofé fur tous fes faux, & les a pratiqués à fon infu ; enforte qu'il ne feroit repréhenfible que d'avoir mis fes fentimens à prix ; reproche qui fuffiroit pour accabler un homme d'honneur.

Mais les papiers mis en dépôt chez la femme le Roi par le fieur Vedel, prouvent invinciblement qu'il a adopté les fauſſetés imaginées d'abord par Madame de S.-Vincent à l'appui des billets au porteur, & qu'il les a concertées avec elle, de maniere à les rendre & plus probantés & plus inextricables.

Juſqu'au moment où le ſieur Vedel a découvert la fauſſeté des prétendues lettres du ſieur Peixoto, on ne voit pas que Madame de Saint-Vincent ait imaginé de donner aucune cauſe aux prétendus promeſſes du Suppliant, que la libéralité même.

Depuis, la fable de la parternité a été imaginée; & c'étoit à la vérité un principe très-important à donner aux faux billets. Indépendamment de la fauſſe lettre montrée au ſieur de Maziere par Lafitte, Procureur au Châtelet, il s'eſt trouvé ſous les ſcellés de la femme Leroi trois pieces, dont une eſt la copie d'une prétendue lettre de Madame de Saint-Vincent au Suppliant, & les deux autres ſont des copies de prétendues lettres du Suppliant à Madame de Saint-Vincent, pieces corrélatives entre elles ſur cette prétendue paternité, & dans leſquelles ſont enlacées les fables du voyage de Peixoto à Poitiers, des promeſſes du Suppliant, & des confidences au ſieur Vedel. Or, celui-ci qui ſavoit très-bien que ſi la paternité dont il s'agit n'étoit pas une chimere, elle n'appartenoit qu'à lui, & que loin de pouvoir l'adapter au Suppliant, toutes les époques & circonſtances réſiſtoient à cette tentative, n'a pu croire que Madame de Saint-Vincent eût écrit de pareilles lettres au Suppliant, & en eût reçu de pareilles réponſes. Cependant il a recueilli ces fauſſetés, il les a

Voyez ſcellé de la femme le Roi.
Commiſſaire Cheſnon, huitieme liaſſe, trente neuvieme piece.
Commiſſaire Graville, troiſieme liaſſe, vingt troiſieme piece.
Paquet cacheté, intitulé *brouillons.*
Deuxieme liaſſe, cinquieme piece.

conſervées; il les avoit renfermées dans un paquet cacheté, intitulé *Brouillons*. Et l'on ne verra pas dans
cette manœuvre une confédération évidente entre
lui & Madame de Saint-Vincent! & l'on ne ſera pas
convaincu qu'il a projetté avec elle les fauſſetés deſtinées à ſoutenir les faux billets! & il n'en réſultera
pas qu'il a enſuite fabriqué de concert avec elle ces
faux titres!

L'ame la plus honnête, & conſéquemment qui a
le plus de répugnance à croire au crime, à la vue de
menées auſſi tortueuſes & d'une intelligence de cette
nature, entre une femme coupable & un homme
pour qui elle l'eſt devenue, n'héſitera pas à voir ſon
complice dans cet homme.

Ce trait de lumiere ſuffit pour éclairer la conduite
du ſieur Vedel, & apprécier la part qu'il a dans tous
les faux commis par Madame de Saint-Vincent à Paris.
Elle fait un premier mandat de cent mille écus. Le
ſieur Vedel a recours à un nommé Alleon Deſgoutes,
jadis Avocat, pour ſavoir s'il eſt en bonne forme.
Sur l'avis de cet ex-Avocat, on fait un ſecond mandat, on le ſigne du nom du Suppliant, & on l'ac-
cepte ſous le nom de Peixoto, & le ſieur Vedel va
chez le Notaire du Suppliant s'aſſurer ſi ſa prétendue ſignature fera illuſion à ce Notaire, & s'il la
croira vraie; il a ſoin de lui cacher le corps du mandat. On veut ſubſtituer un billet au porteur de cent
mille écus, au faux mandat diſcrédité par l'aventure
du ſieur Dumas chez le ſieur Julien. C'eſt le ſieur
Vedel qui va conſulter Mᵉ Gariſſon de la Tour,

Avocat, fur la forme de ces billets, & lui en fait faire le corps & celui de cinq autres billets de 60,000 liv. fi on les en croit. C'eſt le fieur Vedel qui en fixe à fon gré les dates & les échéances; il les porte, dit-il, lui-même chez le Suppliant, & les remet à fon Suiffe; enfin il affure avoir vu le lendemain le billet de cent mille écus, & deux de foixante mille livres, fignés du Suppliant, entre les mains de Madame de Saint-Vincent, accompagnés d'une lettre du Suppliant, qui lui deſtine un de ces billets fous le nom *de tiers*, qualification qui ne lui eſt donnée que dans les projets de lettres du Suppliant écrits par lui fieur Vedel ou Madame de Saint-Vincent, ou dans les lettres déclarées fauffes. L'*alibi* du Suppliant eſt prouvé à cette époque, & le Sr Vedel qui dit avoir porté lui-même les billets à fon Hôtel, & avoir parlé à fon Suiffe, n'a pas appris qu'il étoit alors à Fontainebleau! & s'il l'a fu, il a pu croire au retour de ces billets fignés le lendemain matin! Quelle foule d'indices dans ces menfonges & ces abfurdités accumulées! Avançons. On convertit le billet au porteur de cent mille écus donné *à condition de ne le pas négocier d'un an*, en petits billets de moindre fomme, *pour en faciliter la négociation*. C'eſt le fieur Vedel qui va chercher les Écrivains des rues, & les emploie à la fabrication du corps de ces billets. Autant de billets, autant d'Ecrivains employés. C'eſt lui qui en fixe encore les fommes, les dates & les échéances; il donne à quelques-uns une date poſtérieure à celle qu'il fixe pour l'échange même; il en date un

de Paris le 8 Mai, jour auquel le Suppliant étoit notoirement à Verfailles.

Les faux billets fe négocient. Le fieur Vedel con-
jointement avec Benavent certifient par un billet
la fignature à Rubit, & pour exciter fa confiance, lui
perfuadent que ces billets ont pour caufe *un emprunt
fait par le Suppliant du pere de Madame de Saint-Vincent.* Toujours concurremment avec Benavent, il fait
vendre à fa requête les effets donnés par Rubit, pour
partie du prix de fa négociation, & partage l'argent
donné pour l'autre partie.

L'affaire éclate : le fieur Vedel court chez le Magiftrat de Police, pour, fur la foi de fon état & de
fa candeur apparente, lui perfuader l'innocence de
Madame de Saint-Vincent, tandis que fourdement &
de concert avec Benavent, ils emploient toute leur
aftuce réunie, *pour enlever des mains de Rubit les
preuves de leur délit commun.* Enfin, conduit par les
informations fous la main de la Juftice, il défend le
faux fur le même plan de Madame de Saint-Vincent. Il veut l'accréditer par toutes les fables qu'ils
ont préparées & concertées à cet effet ; & cependant
confondu par fes propres pieces, il eft forcé de faire
des aveux qui caractérifent fes menfonges.

Depuis le commencement de cette intrigue jufqu'à fon dénouement, le fieur Vedel a donc toujours été fur la fcene. Il y a joué un rôle principal
& prefqu'égal à celui de Madame de Saint-Vincent ;
& l'on oferoit prétendre qu'il n'a été que fa dupe !
C'eft au contraire à fon égard qu'on peut dire que

Voyez l'inter-
rogat. de Rubit,
où les preuves
de cette frip-
ponnerie font
détaillées.

toutes les préfomptions *juris* & *de jure* fe réuniffent pour établir fa complicité. C'eft pour le cas où il fe trouve que l'Ordonnance de 1737, tit. 1. art. 30, s'eft expliquée. Ce font tous les indices & les preuves réunis contre le fieur Vedel, qu'elle appelle *les charges fuffifantes.*

Faut-il combler la mefure de ces indices? Il en eft un dernier qui l'emporte fur tous les autres.

Parmi les lettres dépofées au Greffe du Châtelet par Me Lafitte, Procureur de Madame de Saint-Vincent, font deux fragmens de lettre & une lettre entiere avoués par le Suppliant. Ce font les pieces 16, 23 & 25. Dans le paquet cacheté, trouvé parmi les papiers du fieur Vedel chez la veuve Leroi, & intitulé *Brouillons*, fe font trouvées trois copies de ces lettres du Suppliant, écrites de la main du Sr Vedel. Mais ce ne font pas de fimples copies : on y trouve des additions relatives au *mandat* de cent mille écus, à la fable de *Peixotto*, & à celle du *tiers*. La contrefaction de la piece 25 eft fur-tout remarquable, en ce que c'eft une feconde verfion de cette piece fur laquelle a été contre-tirée la piece cotée 30, imprudemment dépofée par Me Lafitte, & dont les Défenfeurs de Madame de Saint-Vincent font fi embarraffés.

Dans quel deffein le fieur Vedel a-t-il copié de fa main ces fragmens de lettres inutiles à conferver? Dans quel deffein a-t-il inféré dans fes copies, des chofes qui n'étoient pas dans les Originaux, & finguliérement le *mandat*, le *Peixotto*, le *tiers*, dont on ne trouve

trouve aucune trace dans aucune lettre du Suppliant ?
Pourquoi n'eſt-ce que des fragmens de lettres du
Suppliant qu'on a diſpoſés ? A quel deſſein a-t-on
ainſi mutilé ſes lettres ? Qu'eſt-ce que des coupons
d'autres lettres du Suppliant trouvés dans les papiers
du ſieur Vedel ? On a fait ces queſtions au ſieur
Vedel. Il a gravement répondu, *qu'il n'y concevoit
rien, qu'il n'en ſavoit pas davantage.*

Deuxieme
interr. du ſieur
Vedel, art. 56
& 57.

   Et le ſieur Vedel n'eſt pas complice du faux ! Ce
doute doit déſormais offenſer & la Juſtice & la raiſon.
Peut-être il fut de bonne foi dans le principe de ſa liai-
ſon avec Madame de Saint-Vincent ; mais il a ceſſé de
l'être depuis les confidences qu'elle lui a faites ; il a fini
par s'aſſocier à ſes forfaits, & par devenir lui-même un
fauſſaire. Car, tous ces *brouillons & de lettres & de billets*, qu'eſt-ce autre choſe que les modeles qu'il pré-
paroit pour la contrefaction dont Madame de Saint-
Vincent avoit pris le ſoin ſur elle ?

   Enfin qui peut méconnoître encore le complice
dans ces lettres reçues par lui de Madame de Saint-
Vincent, & trouvées dans ſes papiers ? *Le mois pro-
chain nous ne ſerons pas dans ces peines....... huit
jours après mon arrivée tu auras de l'argent. ... j'aurai
fait le tour du monde pour l'attrapper, Milhau d'abord
où j'ai penſé l'avoir, Tarbes, Poitiers, Paris. C'étoit-
là le terme de nos malheurs dans les ſecrets de nos deſtinées...... J'ai un terrible pas à faire, je ne ſais comment je m'y prendrai.... accoutume-toi à recevoir les peti-
tes choſes en attendant les grandes.* Après tous ces traits,
on comprend mieux que jamais combien Madame

G

de Saint-Vincent avoit raifon de s'écrier en écrivant à Benavent : SANS VOS LETTRES ET CELLES DE VEDEL MON PROCÉS SEROIT ADMIRABLE.

Il eft donc & complice & coupable du faux, ce Militaire, qui, ébloui par fon élargiffement provifoire, & oubliant qu'il eft en état d'ajournement perfonnel, calcule déjà les dommages-intérêts qu'il doit recevoir du Suppliant, & qui pour les enfler en raifon de fa qualité, fe targue d'une ancienneté de nobleffe à laquelle fon pere ne prétendoit pas en 1723., dans fon contrat de mariage. Sans ce fol orgueil, fes fervices l'auroient peut-être rendu eftimable : mais il s'eft avili par une cupidité honteufe qui l'a porté au crime. La commifération & l'indulgence ne font plus faites pour lui. Plus la profeffion qui l'honoroit devoit éloigner de lui le foupçon du crime, plus lorfqu'il en eft convaincu, les ames honnêtes doivent defirer fa punition, parce que la Juftice & la fûreté publique l'exigent.

BENAVENT, depuis l'époque où il s'eft lié avec Madame de Saint-Vincent & le fieur Vedel, fe trouve impliqué par toutes les charges du procès qui leur font communes. On vient d'en voir les preuves.

L'Abbé de Villeneuve eft convaincu d'avoir été dans la confidence de l'intrigue, foit pour tirer parti des billets, foit pour en garder le dépôt ainfi que des lettres, foit pour dérober la connoiffance des uns & des autres à la Juftice. Il eft convaincu d'avoir cherché a procurer la négociation de deux des faux billets montant à 50,000 liv., après avoir vu la lettre du Suppliant à Madame de Saint-Vincent, par laquelle il dénioit ces billets, & n'être convenu de cette dénégation, vis-à-vis le courtier Dufour, que lorsqu'il lui rapporta ces deux billets faute d'avoir pu les négocier.

CANRON est convaincu & s'est avoué coupable de la fausse acceptation sur l'un des mandats de cent mille écus.

TOUS les autres Accusés ont tous participé plus ou moins, soit aux manœuvres pratiquées pour consommer le faux dont il s'agit, soit aux négociations qui en ont été faites ou tentées. Le Suppliant n'avoit dénommé personne dans sa plainte, les informations seules ont chargé les Accusés & déterminé les divers décrets prononcés par les premiers Juges, suivant que les charges donnoient plus ou moins de suspicion contr'eux. En matiere de faux, les Juges ne peuvent pousser trop loin la prévoyance. C'est le seul moyen de se saisir de ce corps de délit & des coupables ; & l'événement l'a prouvé dans l'affaire présente.

LA légitimité de l'accusation du Suppliant étant ainsi établie, on sent quelle réparation éclatante est due à un Membre de la Cour, à un Pair de France, revêtu des premieres dignités de l'Etat.

L'impuissance de justifier Madame de Saint-Vincent & ses complices a fait hasarder par leurs Défenseurs tous les incidens odieux, dont on a cherché à surcharger le procès; la plainte en subornation de témoins part du même principe qui a dicté l'imputation des cent mille écus exigés par le Supliant, de la ville de Bordeaux, celle des deux griffes par lui employées pour imiter sa signature & la désavouer au besoin, & le prétendu rapt de Madame de Saint-Vincent. Sommée d'articuler les faits des griffes & du prétendu péculat, elle n'a osé le faire & y a même renoncé. D'après cela la Cour doit apprécier le mérite de la plainte en subornation de témoins. Elle est évidemment sans objet; on n'articule aucuns faits pertinens. Dailleurs il regne dans tous les écrits de Madame de Saint - Vincent une variation & une contradiction frappantes sur ces prétendus faits de subornation. Dans sa plainte, *Nerbonneau* a reçu *cent louis* du Supliant; elle se restreint à *cinquante louis* dans ses derniers Mémoires : & à la confrontation, elle est convenue de la probité de ce Négociant & n'a osé le reprocher. Tous les autres faits qu'elle articule relatifs aux autres témoins de Poitiers, sont postérieurs à leurs *depositions* & à leurs *récolemens*. En sorte que le Supliant auroit commencé à pratiquer ces témoins, lorsqu'eux seuls avoient intérêt à ne point varier dans des dépositions auxquelles il n'avoit nulle part. Les Magistrats sont priés de peser ces circonstances. Que la Cour veuille bien aussi faire attention à la déposition de Doumaing, dont on fait tant de bruit : elle verra si elle a l'air d'une dépofition achetée, & fi elle fait le moindre effet fur l'objet principal. Doumaing n'eft point un Expert, & il devoit être très-indifférent au Suppliant, qu'il eût cru ou non reconnoître fa fignature fur les billets que l'Abbé de Villeneuve avoit en fa poffeffion au Fort-l'Evêque. Cette plainte eft évidemment une rufe imaginée par les coupables & leurs Défenfeurs, pour diminuer dans le public le poids des charges qui les accablent; mais la Cour a fous les yeux les pieces du procès & les confrontations des Accufés aux témoins, où toutes les affertions hafardées dans leurs Mémoires font démenties; elle ne fe laiffera point furprendre, & elleverra que ce n'eft qu'un dernier effort du défefpoir des coupables, qui veulent couvrir de leur propre infamie tous ceux dont la bonne foi & la véracité ont concouru à les convaincre de leur crime.

La derniere plainte rendue par Madame de Saint-Vincent fur la prétendue interception de la lettre à Benavent, eft évidemment un outrage gratuit qu'elle a voulu faire de plus au Suppliant. La publicité qu'on lui a donnée par l'impreffion en eft une preuve. Si on l'eût regardée comme férieufe, elle fût reftée dans le fecret effentiel à toutes plaintes. Il étoit refervé à l'inconféquence & à la hardieffe de Madame de Saint-Vincent d'y prendre des conclufions auffi indécentes contre un Pair de France. Il étoit réfervé à des Ecrivains & Défenfeurs auffi peu inftruits en matiere de procès criminel, qu'en fait de procédé, d'imaginer de dénaturer tous les rôles de cette affaire, de faire de l'accufateur un accufé, & de l'accufée une accufatrice. C'eft la lettre de Madame de Saint-Vincent qu'il faut critiquer, fi elle en eft fufceptible, & non la maniere dont elle eft parvenue au Suppliant Au furplus, M. le Maréchal de Richelieu attefte à la Cour, fur fon honneur, qu'il ne foupçonnoit pas même l'exiftence de cette lettre, qu'il n'a point fait la moindre démarche pour fe la procurer, & qu'elle lui eft parvenue très-inopinément la veille feulement du jour qu'il l'a produite en la Cour. Aujourd'hui toute demande de la part de Madame de Saint-Vincent eft fruftratoire. L'Arrêt du 12 Décembre dernier a joint cette lettre au procès & en a fait dépendre le fort, de l'aveu de Madame de Saint-Vincent. Cet Arrêt a été exécuté. Madame de Saint-Vincent a fubi interrogatoire, elle a reconnu fa lettre comme l'ayant écrite à Benavent. Les aveux qu'elle contient & les preuves qui en réfultent font donc aujourd'hui partie des charges du procès & tout eft jugé à cet égard. La Cour a fenti que de quelque maniere que la vérité vînt fe manifefter à fes yeux, elle devoit la faifir, & que les imputations atroces & calomnieufes faites par les Accufés au Suppliant, comptable de fon honneur à la Cour, dont il a l'avantage d'être Membre, ne lui permettoient pas de négliger un moyen fi décifif de repouffer les outrages qu'on ofe tenter contre lui.

Il eft plus que tems de mettre fin à un fcandale pareil à celui dont cette affaire a donné peut-être le pre-

mier exemple. Tous les premiers Ordres de l'Etat in-
téreffés au maintien du refpeﬅ & des égards qui leur
font dus, ont les yeux ouverts fur le Jugement qui
va intervenir. Ils attendent avec impatience le moment où la Cour, en réprimant l'audace effrénée des
coupables & de leurs Défenfeurs, punira les imputations calomnieufes & atroces qu'ils fe font permifes,
& préviendra par un exemple févere une licence
fcandaleufe, dont l'impunité ne pourroit qu'avoir les
fuites les plus fâcheufes, en rendant à l'honneur ou-
tragé le droit naturel de fe venger lui-même.

Tout l'objet que le Suppliant pouvoit avoir comme partie civile eft rempli. C'eft au Miniftere public
à provoquer la févérité de la Cour pour la vindiﬅe
publique d'un délit des plus graves & des plus dangereux. Il n'y a point de Nation policée qui ne foit
intéreffée au Jugement que le Tribunal le plus au-
gufte de la Nation va rendre, fur un procès qui depuis fi long-tems occupe l'Europe. La fûreté du com-
merce, & celle de la fociété entiere dépendent du
fort des coupables. Plus le crime du faux eft facile
à commettre & difficile a découvrir, plus le public
fe croit en droit de demander un exemple qui mette
un frein à cet art funefte des fauffaires, qui jette le
trouble & l'incertitude dans l'aﬅe le plus habituel &
le plus néceffaire, déconcerte la prudence, furprend
la bonne foi, & renverfe les fortunes les plus honnêtes, en compromettant les réputations les mieux
méritées.

Ce considéré, Nosseigneurs, &c. il vous plaife donner acte au Suppliant, de ce que, pour moyens & fubfidiairement pour défenfes à toutes les demandes formées contre lui, il emploie tant le contenu en la préfente Requête, que tout ce qu'il a dit, écrit & produit dans fes divers Mémoires & Requêtes, imprimés, fignifiés & joints au procès. Et attendu les preuves réfultantes de la procédure extraordinaire, faite fur les plaintes en faux principal, & autres rendues par le Suppliant, foit devant les Juges du Châtelet, foit en la Cour, contre Madame de Saint-Vincent & fes complices & adhérens, fans s'arrêter, ni avoir égard aux différentes Requêtes & demandes des Parties accufées & décrétées, ni aux plaintes en fubornation de témoins & en interception de lettres, non plus qu'à la dénonciation du prétendu rapt de féduction & de violence, commis par le Suppliant, en la perfonne de Madame de Saint-Vincent, dans lefquels lefdits Accufés feront déclarés non recevables & mal fondés, faifant droit fur les plaintes rendues par le Suppliant les 27 Juillet, 20 Août, 5 & 18 Septembre, 11 Octobre & 6 Décembre 1774, & les 8 & 13 Mai 1775, enfemble fur les diverfes Requêtes du Suppliant, & les conclufions par lui prifes au procès, icelles augmentant, expliquant & rectifiant, attendu les charges réfultantes du procès :

1°. Déclarer faux & fauffement attribués au Suppliant les fignatures & les *conftatés* ou *bon pour*, appofés

fés

fés au bas des douze billets dont eſt queſtion ; ſavoir :
le premier de 60,000 liv. en date du 13 Novembre
1773 , *négocié au ſieur Boucher de Preville ;* le 2ᵉ du
premier Mars 1774 , de 30,000 liv. le 3ᵉ de 20,000,
du 15 Janvier 1774 ; (*Ces deux derniers repréſentés par*
l'Abbé de Villeneuve-Flayoſc , lors de ſon interrogatoire
du 18 Août 1774.) le 4ᵉ du 8 Mai 1774, de 20,000 l.
le 5ᵉ du 4 Avril 1774, de 35,000 liv. le 6ᵉ de
25000 liv. du 15 Mars 1774 (*Ces trois derniers*
faiſant en total la ſomme de 80,000 liv. négociés au
ſieur Rubit.) ; le 7ᵉ du 13 Novembre 1773 , de
60,000 liv. le 8ᵉ du 15 Décembre 1773 , de 40,000
liv. le 9ᵉ du premier Janvier 1774, de 35,000 liv.
le 10ᵉ du premier Février 1774, de 45,000 liv.
le 11ᵉ du 15 Février 1774, de 25,000 liv. (*Ces cinq*
derniers, dépoſés au Greffe criminel du Châtelet, par
Mᵉ Lafitte, Procureur de Madame de Saint-Vincent.)
le 12ᵉ & dernier du 15 Décembre 1773, de 20,000
liv. (*faiſant la ſeptieme piece de la ſeconde liaſſe des*
papiers trouvés dans les poches de Benavent, lors de ſa
capture.) leſdits douze billets, ſignés *le M. Duc de Ri-*
chelieu, & faiſant enſemble la ſomme de 425,000 liv.

2°. Déclarer pareillement fauſſes & fauſſement
attribuées au Suppliant l'écriture & les ſignatures des
vingt-deux lettres dont eſt queſtion ; ſavoir : les 5ᵉ,
6ᵉ, 7ᵉ, 8ᵉ, 9ᵉ, 10ᵉ, 11ᵉ, 12ᵉ, 13ᵉ, 14ᵉ, 18ᵉ, 26ᵉ,
27ᵉ, 28ᵉ, 29ᵉ, 30ᵉ, 31ᵉ, 32ᵉ, 33ᵉ & 34ᵉ pieces
de celles dépoſées au Greffe criminel du Châtelet
par Mᵉ Lafitte, Procureur de Madame de Saint-Vin-

H

cent, les 2 & 3 Septembre 1774; la 12e piece de la premiere liaffe des papiers trouvés fous les fcellés appofés par le Commiffaire Chefnon, chez Madame de Saint-Vincent, le 25 Juillet 1774, & dépofés enfuite au Greffe criminel du Châtelet; les deux lettres attribuées au Suppliant, *& lefquelles ont été annexées par l'Abbe de Villeneuve-Flayofc à fon interrogatoire*; enfin la lettre prétendue fignée par le Suppliant, *& laquelle fait partie des papies trouvés dans les poches de BENAVENT, lors de fa capture*; faifant toutes lefdites lettres enfemble 22 pieces.

3°. Attendu les preuves acquifes au procès de l'exiftence, 1°. de deux prétendus mandats, chacun de cent mille écus, au bas defquels étoient de prétendues fignatures du Suppliant. 2°. D'une fauffe acceptation du fieur *Peixoto*, appofée au bas defdits mandats. 3°. D'un prétendu billet au porteur auffi de cent mille écus, au bas duquel étoit pareillement appofée une prétendue fignature du Suppliant, lefquels mandats & billets ont été déclarés par Madame de Saint-Vincent, avoir été par elle fupprimés; & attendu que ces faux font néceffairement partie des plaintes en faux principal, rendues par le Suppliant contre les billets & lettres par lui argués de faux, *circonftances & dépendances*, comme ayant un rapport indivifible avec lefdits faux, dont plufieurs ne font même que la fuite & la conféquence de ceux-ci; déclarer pareillement faux & fauffement attribués au Suppliant lefdits deux mandats, & ledit billet au porteur , ainsi que l'acceptation apposée au bas desdits mandats.

4°. Déclarer pareillement fausse & faussement attribuée au Suppliant la lettre reconnue par Benavent lui avoir été montrée par Madame de Saint-Vincent, dans laquelle le Suppliant étoit supposé lui promettre de lui envoyer de Bordeaux pour 80,000 liv. de nouveaux billets ; laquelle lettre Madame de Saint-Vincent a déclaré ne lui avoir point été écrite par le Suppliant.

5°. Déclarer pareillement fausse & faussement attribuée au Suppliant la lettre supposée avoir été par lui écrite, laquelle a été montrée au sieur de Mazieres & autres, par le Procureur au Châtelet qui occupoit pour Madame de Saint-Vincent.

6°. Ordonner qu'au lieu de la radiation ou lacération & suppression des pieces déclarées fausses, indiquées par l'article 59 de l'Ordonnance de 1737, lesdits billets au porteur, & lettres qui auront été déclarés faux, continueront de demeurer déposés au Greffe criminel de la Cour, pour servir de pieces de comparaison & de conviction, dans le cas où il viendroit à être présenté des effets & lettres de pareille nature.

7°. Ordonner que les minutes des actes signés du

Suppliant, qui ont été dépofés au Greffe criminel du Châtelet par Mes Dumoulin & Arnoud, Notaires au Châtelet, pour fervir de pieces de comparaifon, lefquelles ont été apportées depuis au Greffe criminel de la Cour, feront rendues auxdits Notaires ; à quoi faire les Greffiers criminels de la Cour feront contraints ; quoi faifant, ils en feront & demeureront bien & valablement déchargés.

8°. En tant que touche *Madame de Saint Vincent*, le fieur *Vedel*, *Benavent* & *Canron*, les déclarer atteints & convaincus, favoir : *Madame de Saint-Vincent* d'être, par elle & par perfonnes à elle affidées, l'auteur de tous les faux énoncés dans les plaintes du Suppliant ; le fieur *Vedel* complice defdits faux, comme y ayant coopéré, en ayant été fciemment l'objet principal, ayant concouru aux négociations clandeftines, précipitées & frauduleufes qui ont été faites de la majeure partie defdits faux billets au porteur, & en ayant profité ; *Benavent* d'être complice & agent de l'exécution des faux en queftion ; & *Canron* d'être l'auteur de la fauffe acceptation mife au bas de l'un des mandats.

En conféquence les condamner folidairement en tels dommages-intérêts qu'il plaira à la Cour fixer, applicables, du confentement du Suppliant, au pain des prifonniers de la Conciergerie du Palais à Paris, & au profit des pauvres des Villes de *Milhau*, *Tarbes* & *Poitiers*.

9°. En ce qui touche l'Abbé de Villeneuve-Flayofc, Rubit, la veuve Leroi & Dubois, l'Abbé de Villeneuve-Trans, l'Abbé Froment, le fieur Boucher de Préville & le fieur Alleon Defgouttes ; donner acte au Suppliant de ce qu'il s'en rapporte à la prudence de la Cour d'appliquer à chacun defdits Accufés les condamnations de dommages-intérêts ou autres qu'elle croira convenables aux genres de conduite téméraire, indifcrete & fufpecte qu'ils ont tenue, & qui ont déterminé les différens décrets qui ont été prononcés contr'eux.

10°. Ordonner la fuppreffion de tous les Mémoires & Requêtes imprimés & diftribués par les Accufés, comme contenant des expreffions & des imputations injurieufes, fauffes, calomnieufes & attentatoires à l'honneur du Suppliant ; fauf à M. le Procureur-Général à prendre telles autres conclufions qu'il avifera pour la vindicte publique des délits dont il s'agit, & pour le maintien du bon ordre & du refpect public violés dans lefdits Mémoires & Requêtes.

11°. Condamner Madame de Saint-Vincent, le fieur Vedel, Benavent & Canron folidairement par corps aux dépens envers le Suppliant à titre de réparation civile.

Et les fieurs Abbé de Villeneuve-Flayofc, Rubit, la veuve Leroi, Dubois, l'Abbé de Trans, l'Abbé Froment, le fieur Boucher de Préville & le fieur

Alleon Defgouttes aux dépens, chacun à leur égard.

12°. Ordonner que l'Arrêt à intervenir fera imprimé & affiché au nombre de trois mille exemplaires aux frais folidaires de Madame de Saint-Vincent, du fieur Vedel, de Benavent & de Canron , fous la réferve de tous autres dus , droits & actions , & de prendre par la fuite d'autres conclufions s'il y échet. Et vous ferez bien. *Signé* , LE MARÉCHAL DUC DE RICHELIEU.

Meffieurs { ROLLAND DE CHALLERANGE } *Rapporteurs:* { TITON DE VILLOTRAN. }

Me DESPREZ , Procureur.

9 782329 676937